Gabriel Villalba

# Poemas para la liberación de la mujer

Gabriel Villalba

# Poemas para la liberación de la mujer

## Versos de antipoesía y reflexiones posmodernas

JustFiction Edition

**Imprint**
Any brand names and product names mentioned in this book are subject to trademark, brand or patent protection and are trademarks or registered trademarks of their respective holders. The use of brand names, product names, common names, trade names, product descriptions etc. even without a particular marking in this work is in no way to be construed to mean that such names may be regarded as unrestricted in respect of trademark and brand protection legislation and could thus be used by anyone.

Cover image: www.ingimage.com

Publisher:
JustFiction! Edition
is a trademark of
International Book Market Service Ltd., member of OmniScriptum Publishing Group
17 Meldrum Street, Beau Bassin 71504, Mauritius
Printed at: see last page
**ISBN: 978-620-0-49524-2**

POEMAS PARA LA LIBERACIÓN DE LA MUJER, VERSOS DE ANTIPOESÍA Y REFLEXIONES POSMODERNAS
GABRIEL VILLALBA PÉREZ

## ÍNDICE

## PRÓLOGO A CARGO DE SAYURI LOZA*

Cuando conocí a Gabriel Villalba como conductor del programa "Sangre Combativa", no imaginaba que además de periodista, era poeta. Esta clase de versatilidad y peculiar sensibilidad para la realidad boliviana, es el rasgo que acompaña a este joven y talentoso valor boliviano en todas y cada una de sus actividades.

Muchos hemos visto sus facetas en los medios como analista político y sociológico y hoy es un placer para mí presentar otra cara suya, más profunda e íntima, donde nos abre su alma y nos entrega breves pero contundentes imágenes inspiradas por la mujer.

Sin soslayar su fuerte sentido de justicia y búsqueda de igualdad, el autor dedica sus poemas a la mujer boliviana y a la madre aymara, llamando a la liberación espiritual pero también social; se dirige también a la belleza, al dolor, y hasta a la mujer sin corazón.

Toca, como no, el tema del machismo que esclaviza a todos, hombres y mujeres, qué mejor momento que ahora para denunciarlo, no sólo en panfletos y marchas, sino también con poesía, que nos dice siempre las verdades de manera más enérgica y cala más en el corazón humano.

Qué alegría que haya un poemario dedicado a la mujer, nos recuerda a las mujeres que todavía somos capaces de inspirar los pensamientos más bellos, nos dice que no todos los hombres matan, que hay todavía muchos que nos aman. Les recuerda, además, a los hombres, que, a pesar de milenios juntos, las mujeres todavía tienen la capacidad de inspirarlos, que no cierren los ojos, que hay belleza, valor y lucha, que eso es lo que nos une.

Gabriel Villalba nos entrega este poemario con mucha alma y con mucha fuerza, nos invita a acompañarle en esta nueva faceta, que, sin lugar a dudas, será tan satisfactoria como las otras que hemos visto de él y que seguimos con particular entusiasmo, pues estamos convencidos que trae siempre propuestas frescas y acordes al contexto, este poemario no es la excepción.

La Paz, enero de 2020

***Sayuri Loza**

Historiadora, Directora del Archivo de la memoria histórica de RTP, bailarina de danza árabe y tribal fusión.

## INTRODUCCIÓN

La poesía como la vida misma encuentra su sustento material e inmaterial de inspiración en momentos específicos particulares. Quien vive con intensidad tratará siempre de plasmar sus experiencias personales buscando trascender más allá del plano físico. El sentido de toda existencia es derrotar, o al menos hacer frente a nuestra inevitable extinción, a nuestra naturaleza finita. La poesía es una táctica dentro de la estrategia de la vida para sobrevivir el paso de los años al amparo del amor y el desamor que son sentimientos eternos y perdurables a través de su propia connotación inherente al ser humano.

A lo largo de mi vida busqué sobrevivir al paso de los años, de forma consciente o inconsciente, viviendo intensamente cada instante; desde declamar "El pájaro revolucionario" de Óscar Alfaro a mis 5 años en todos los acontecimientos pre escolares, pasando por el fútbol de salón como modus vivendi y encontrando las contradicciones de desigualdad social en mi formación escolar a través de "Las venas abiertas de América Latina" del uruguayo Eduardo Galeano, acercándome a la poesía de Mario Benedetti y entendiendo el mundo a partir de la música y letras de la banda Ska-p. Todas esas casualidades en la formación de mi personalidad me llevaron a comprometerme con la justicia social estudiando Derecho en la Universidad Mayor de San Andrés y formándome como abogado con mención en Derecho Internacional en la ciudad de La Paz.

La vida universitaria siempre es particular con multilemas operando en nuestra mente, en nuestras relaciones sociales, en la lectura de la realidad social y de los momentos históricos que nos toca vivir, ya que somos seres arrojados en el aquí y en el ahora. En esa vida universitaria que me tocó vivir conformé el partido estudiantil ACCIÓN y fui parte de la Sociedad Científica de la Facultad. También conocí a uno de los grandes amores de mi vida y a mis 19 años fui padre de quien decidí llamar Nicolás. Él fue mi motor de superación, lucha constante por ser mejor cada día. En aquella época trabajé de mesero, auxiliar legal, grupos focales y todo lo que pudiera brindarme rédito económico para el sustento de mi hijo. Las relaciones con mis padres cambiaron, la prioridad era y hasta el día de hoy es Nicolás. Vivir intensamente muchas veces te regala de manera impensada lo mejor del universo. Salí de la Universidad apresurado por las responsabilidades y me integré rápidamente a la vorágine laboral burocrática. También en ese tiempo tuve acercamiento con una organización juvenil llamada Bloque Juvenil Antiimperialista, aquel mundo de la intelectualidad orgánica era nuevo para mí. Ya que no provengo de una tradición familiar marxista, socialista, comunista, social demócrata o cualquier otra tradición ideológica política. Forjé mis conocimientos al impulso de la pasión por un nuevo mundo de orden intelectual que me invitaba gentilmente a descolonizar mi ser. Pude especializarme en Geopolítica e Integración Regional por la Unidad de Posgrado de la Universidad Nacional Autónoma de México UNAM. Me apasioné por la geopolítica y la comunicación política, las construcciones pos neoliberales y los nuevos paradigmas civilizatorios que en mi tiempo se planteaban desde el sur del mundo.

Mi crecimiento profesional fue de la mano de m información política en un proceso histórico conocido como “El Proceso de Cambio” en Bolivia. Es así que como activista llegué a formar parte del Consejo Plurinacional de la Juventud, la máxima instancia de representatividad gubernamental juvenil en mi país. Más tarde aquel Bloque Juvenil Antiimperialista devenido de los años 2006, 2009, 2011 se convertiría para el 2013 en la organización Generación Evo.

Desde el año 2013 al 2018 fui parte activa de la militancia juvenil del Proceso de Cambio siempre en el rol de esa intelectualidad orgánica preocupada no sólo por la movilización social, sino al mismo tiempo y de forma conjuncionada con la formación política y la construcción de herramientas para la interpretación de la realidad social boliviana y la disputa por el sentido común. Escribí para diversos periódicos nacionales e internacionales, fui ponente en varios eventos internacionales progresistas en representación de Bolivia. Fui parte del proyecto periodístico Cuadernos, y por decisión colectiva de la organización elegido para conducir por tres años el programa radial “Sangre Combativa”. Más tarde y también por tres años sería conductor del programa televisivo del mismo nombre.

Renuncio a esa organización por múltiples discrepancias más que políticas, personales el 2018. El horizonte político ya se había extraviado y articulado un sistema de lambisconería al interior que muy poco aportaba a la crítica y sobre todo a la autocrítica tan necesaria para los álgidos momentos políticos que acontecían. Más tarde y en pleno Golpe de Estado en Bolivia, la historia me absolvería dándome la oportunidad de demostrar que las convicciones y principios comprometidos con el bloque popular del que también se forma parte iban y van siempre más allá de una o dos personas. Que la lealtad ciega e instintiva es para perros falderos y la autocrítica para la gente que verdaderamente quiere revolucionar el mundo.

El mismo Golpe de Estado en Bolivia me hizo entender que mientras muchos escapaban o se ocultaban en pleno desarrollo de los acontecimientos, muchos otros dieron la cara, estuvieron en las movilizaciones, arriesgaron su integridad física, su vida, su libertad. A toda esa gente que orgullosamente llamo y me llaman compañero dedico este libro. Porque quien vive intensamente atrae también a personas intensas que solamente llegas a conocerlas en los momentos más difíciles, críticos y oscuros.

Mi condición de Director del Centro de Estudios Nuestro Americano Bolivia CENAC – BOLIVIA, me llevó desde noviembre de 2019 hasta la fecha ser de las únicas voces desde La Paz Bolivia denunciando, analizando y develando el Golpe de Estado en mi país en diversos medios internacionales como Russia Today, TeleSUR, Hispan Tv, Sputnik, entre muchos otros. Quien no arriesga la vida, quien no pone su imagen dando la cara para denunciar desde el epicentro de la injusticia todo lo que siente y cree jamás se apasionó verdaderamente por sus convicciones, ideales y principios. Algún día escribiré las memorias de mi vida detallando de manera pormenorizada cada acontecimiento contado brevemente a manera de introducción de este libro.

El mismo consta de tres partes, la primera y segunda parte correspondientes a dos poemarios cada uno con sus particulares características históricas y sentimentales. La parte tercera parte del libro está compuesta por tres artículos referidos a la propia cultura posmoderna tan poco comprendida.

El primer poemario titula "Poemas para la liberación de la mujer" enfocado en la idea fuerza de un sentimiento combinado de enamoramiento y admiración sintetizado en el subtítulo: Cuando ella te enamora por sus ideas. Se escribió hace bastante tiempo y en el presente libro se decidió, tras una larga deliberación interna, mantener su introducción original que es la siguiente:

*El presente poemario surge como una iniciativa revolucionaria cuyo principal objetivo es la valorización de la mujer y todas sus capacidades para así consolidar su propia liberación. Se enfoca y tiene como inspiración la belleza de la mujer, no la "belleza" clásica de la poesía, que sólo concibe a la mujer como objeto de inspiración encumbra una única "belleza" física.*

*Se cambia totalmente esa concepción de la poesía clásica, enfrascada netamente en la belleza corpórea, y se inspira en la mayoría de los poemas en la belleza de las cualidades intelectivas de las mujeres que día a día hacen revolución a través de sus ideas, nuevas concepciones, nuevos paradigmas, prácticas políticas, construcciones académicas, reconstrucciones ideológicas, vivencias cotidianas, su propia forma de vivir y de combatir contra una sociedad en esencia aún machista.*

*Despierta a la mujer, al hombre, al revolucionario en general mostrando el impacto que ellas generan no simplemente por su belleza física, sino por la construcción ideológica e intelectiva. Reflejando así otra concepción de la belleza, tratando de enterrar la antigua visión de la poesía, antes mencionada, que consistía simplemente en reflejar a la mujer como un objeto "bello" y deseado. Propone una vía cultural de autoliberación de la mujer de ese viejo estereotipo, que también es opresión, de entender una sola y simple belleza física femenina.*

*Rompe con todos los esquemas de la poesía clásica de opresión y limitación hacia la mujer. Entendiendo que el verdadero revolucionario es y debe ser en esencia feminista. Como en su tiempo expuso el ex presidente venezolano Hugo Chávez: "Una sociedad socialista debe comenzar liberando a sus mujeres". Esa la intención y principal objetivo del presente poemario: LA LIBERACIÓN DE LA MUJER BOLIVIANA, proceso histórico irreversible con el cual todo revolucionario debe identificarse y principalmente comprometerse.*

En una segunda parte se presenta la Colección de Poemas (TVALP), título que deriva de una construcción filosófica personal y cuyo fundamento, en su época y mantenido intacto en este libro, fue el siguiente:

*El poemario parte de una minuciosa recopilación de diversos escritos dispersos entre algunos viejos cuadernos, notas arrugadas, publicaciones virtuales y el recuerdo de cartas de amor y desamor escritas pero desechadas.*

*Constituye, sin duda, un intento casi absurdo para demostrar la fragilidad emocional del apasionado, del que ama, del que siente, del que simplemente vive cada segundo de su vida como si fuera el último. Lo analítico y estético se contraponen al desorden de las pasiones, tratando en algún punto de conjuncionarse, para encontrar cierta paz y estabilidad a menudo distantes.*

*El título "Te Vas a la Puta" (TVALP) refiere a una expresión de malestar y valeverguismo ante situaciones cotidianas sobre las que ya se dijo e hizo todo lo que se podía decir y hacer.*
*Una reacción ante las vicisitudes de las mayores pasiones, un intentar ser un no-apasionado para poder vivir y encajar en un mundo que desprecia la ansiedad, el compromiso, el amor y la pasión.*

Los dos poemarios de este libro, escritos en momentos distintos de mis vivencias personales, constituyen mi producción intelectual en el ámbito de la poesía que he podido rescatar y sistematizar. Estoy seguro que cada verso será disfrutado como una historia particular en sí, invito a las lectoras y a los lectores a imaginarse un viaje en cada verso, dar rienda suelta a sus pasiones, anhelos y sentimientos. Sirvan mis versos para inspirar a muchas y muchos a escribir sus vivencias y adentrarse en el mundo de los sentimientos expresados, escritos y compartidos.

Gabriel Villalba Pérez

## PRIMERA PARTE

### SÓLO LA ESCUCHE

Llegué tarde y no la pude ver

sólo la escuché

y extasiado me quedé

no fue el tono de su voz

no fue lo dulce de su ser

fue la agudez y el revés de sus ideas

el contenido combativo, su fuerza

que convicción y destreza

simplemente me enamoré

todo su espíritu Rebeldía

sus palabras llegaron a cambiar mi vida

revolución, combate y lucha

todo eso ella dejó en mí aquel día

sé que ella nunca me verá para estar a su lado

y yo me conformaré

simplemente con ser su partidario.

## NIÑA DIVINA

Para la niña que llegó y se fue de mi vida
y si, mientras duró,
me llenó de alegría
estimulaba todo mi ser,
hoy al pensarla lo hace todavía
pero excitaba mi mente principalmente
era de mi línea
o al menos era lo que yo creía
me destrozaba en debates día a día
y yo la seguía,
me encantaba tenerla
ella explotaba mi mente con ideas, risas y mucha alegría,
la pasión nos consumía
la tuve toda una tarde y hasta la noche
"el loco" de Gibran y otros leímos
su cuerpo y el mío ahora se extrañan
yo extraño la fantasía del debate de cada día
donde estará ahora mi niña divina.

## ROMPE LAS CADENAS MUJER

Ella aguantó un infierno conyugal
sufrió golpe tras golpe
hasta quebrar su alma
y siguió pasando sus días
evadiendo la realidad
el miedo brillaba en sus ojos
cuando lo escuchaba llegar
no merece la pena mujer tu pasividad
esa violencia machista
es violencia fascista
si estas en la misma situación, defiéndete!
rompe de una vez esas cadenas
no más miedo por favor
ámate mujer, ármate y reacciona
rompe esas cadenas de odio
rompe esas cadenas de humillación,
rompe la opresión
por favor mujer vuelve a la libertad
por favor mujer date una oportunidad.

## DESTROZA ESA TRADICIÓN

Tradición machista
esa es anti revolución misma
que no puedas elegir,
que no puedas opinar,
que tengas sólo que lavar, planchar y cocinar
que mierda es todo eso?
me destroza por dentro!
la liberación de la mujer es un derecho postergarlo
es el más grande retroceso
sólo con tu liberación
me tendrás de verdad en tu corazón
yo quiero ser totalmente tuyo
y que me quieras en igualdad de condición
imagínate hacer el amor sin sumisión
que deleite de placer y de pasión
convicción en la revolución,
destroza de una vez la tradición
sólo pido que luches por tu liberación.

## TÚ Y AQUEL DÍA

Es fácil escribir sobre tu belleza

no hablo de tu belleza física

hablo de tu belleza cognitiva

que difícil entenderte,

que difícil complacerte

son tiempos de cambio,

en ese proceso va mi mente

sé que no quieres una relación

sé que para ti eso es opresión

eres radical y lo entiendo

son tiempos de pisoteo de la tradición

después de hablar de plusvalía

sabiendo que sólo sería una noche

y no volverías realmente

la pasé como nunca en mi vida

entendí que no era tu cuerpo

entendí que eras tú y aquel día.

## BOLIVIANA MUJER

Descendiente de Bartolina Sisa

España te temía por ser guerrillera furtiva

ayer, hoy y siempre referente de combate anticolonialista

también descendiente de Juana Azurduy

general de valentía sin igual

nadie más valiente que tú

estratega militar a la par de Bolívar

descendiente de las heroínas de la Coronilla

aquel día pudiste frenar un ejército imperial

hoy el combate se vuelve antiimperialista

nunca más colonia ni oligarquías

los nuevos tiempos te reclaman boliviana mujer

libérate y danos liberación

mujer dirige los destinos de la patria

aunque parezca utopía

presidenta boliviana india

sé que llegarás uno de estos días.

## MADRE AYMARA

Madre aymara,
madre de sacrificio
madre comerciante de oficio
mujer luchadora,
mujer combativa
madre que nunca privaste de nada a tus hijos
todo con tu sacrificio,
soportando el frío vendiendo,
sufriendo y amando
madre y padre para tus hijos
eso dijeron muchos, eso escucharías
la verdad es que fuiste sólo “Madre”
esa palabra que es muy grande
nada de padre,
tus hijos nunca conocieron padre
madre que con los años
viste crecer a tus niños
madre aymara,
madre de sacrificio
ellos saben que vales todo el oro
sola hiciste todo por amor a tus hijos
ellos saben de tu oficio
ellos hablan de su madre
como un ángel divino
madre que bajo el frio Illimani
sacó adelante a sus hijos.

## SU ENFERMEDAD

Te casaste con él,
quizá sabías de su enfermedad
pensaste que sola lo podías cambiar
nunca creíste que te destrozaría por dentro
nunca imaginaste que, al destrozarte,
destrozaría a tus hijos
su maldita enfermedad te trajo noches sin sueño e infelicidad
te trajo falta de amor, traición y susceptibilidad
así caíste, esta vez tú, en otra enfermedad
sólo tú puedes resolverlo
sólo tú puedes salir de esa oscuridad
sola estás tú, hazlo también por tus hijos y nadie más
mujer aléjate pronto de esa vida de infelicidad
sabes que él sólo cambiará cuando le falte todo
cuando caiga en el pozo sin fondo de su enfermedad
no sufras más por él,
sabes que está enfermo
no hay nada que tú puedas hacer
sólo le queda a él reconocer
buscar ayuda y tratar de quererse
tú no lo puedes cambiar
ahora sabes que el alcoholismo es una enfermedad.

## UTOPÍA

Tu cuerpo puede ser inspiración

eso es de muy fácil percepción

entendiste el socialismo científico mejor que yo

con eso lo digo todo, de corazón

enamorarnos como en los cuentitos

juntos hasta viejitos

eso no se dará por nuestra propia forma de pensar

tú vuelas libre como una paloma

y yo no debo ni te puedo cazar

mejor sigamos compartiendo ideas

eso es lo que me llena

que tú me enseñes no me pone mal

que me escuches y admires

esa es mi mayor excitación emocional

destrocemos todas las viejas ideas

construyamos aquella utopía

que tú y yo pensamos aquel día.

## SEGUNDA PARTE

### CUANDO TE ENCONTRÉ

Te encontré destrozada y dispersa
Quizá más dispersa que destrozada
Pero te encontré,
nos miramos y hablamos
No sé si fue el vodka o quizá el tequila,
pero algo nos vimos aquel día
Nos vimos algo más allá de la ropa y la pinta
Por mi parte,
confieso que me perdí en tus ojos
y lo enredado de tu pelo
Como jugando a resolver un laberinto,
esos laberintos de las revistas
Me quedé, hablamos, me fui, nos fuimos
No era hora todavía,
para más tarde empezar algo...
que lo sentimos todavía
Bueno, quizá sólo yo lo sienta ahora,
quizá tú sólo me aprecias
Pero algo no se resolvió aquel día,
aún ahora no se explica
Eso es lo bonito,
lo que no se puede explicar...
Lo que simplemente te pega y te deja sin pensar
Esperando los chats, los audios, los textos
Porque si te veo vuelvo a dudar...

## FRÍA

Voy a tomar una cerveza fría como vos

Sin alma ni corazón…

Y en el punto frozen de la pasión

Terminará la "relación"

Porque no habrás tomado ninguna decisión

Pero volverás desesperada por más amor

Orgulloso te diré que nunca te ame

Que ya te superé

Quizá llores y al verte llorando yo me ría

O quizá también llore

Después nos amaremos por un rato

La pasaremos muy bien

Y te diré:

"Adiós amiga mía, me largo de tu vida"

## EL DÍA SIN PALABRAS

Un día nos encontramos
y después de tanto solamente me dijiste:
"Perdón por no ser lo que esperas que sea, pero gracias"
Tu "gracias" lo justificaste diciendo que me querías
Pero no me querías a tu lado,
querías estar sola, vivir tu vida
Ese día, extrañamente nos quedamos sin palabras
Siempre nos faltaba el tiempo
y aquella vez nos sobró
Entonces simplemente nos abrazamos,
fingimos mirarnos a los ojos...
Nos despedimos sin ningún tipo de beso, bastó el abrazo
La persiana de hierro
que en ese momento habíamos levantado cumplió su rol
Entendí que no basta la libertad,
no basta volar, no basta amar
Porque siempre terminas esclavo de tu propio vuelo
Si ya todo se dijo
Si ya todo se intentó
Sólo queda desaparecer y ya
Si fue bueno volverá, si no vuelve nunca lo fue.

## LA NOCHE OSCURA

Como cada noche de luna, pasada la una
Me dieron ganas de escribirte un poema
o cualquier otra cosa
Pero me limité a escuchar a esa pequeña voz en mí
Me decía: “no jodas”
Entonces esa noche,
pasó a ser noche de juerga
Una noche de trifulca
y una noche despiadada
con los que aman
Una noche más amable con los que odian
y con los que toman para olvidar
Es en la más profunda oscuridad
cuando recién te percatas de algo, algo importante
Alguien que no es capaz de evitarte una noche así de oscura
Alguien que no es capaz de evitarte una noche de sufrimiento,
pudiendo hacerlo
Es alguien que simplemente no te ama
Y en ese momento debes darte cuenta…
Que ya todo se ha terminado.

## LOS SIN SUERTE

Venció un bufón llamado miedo

Se abraza con la falsedad

Mira para atrás y regresa corriendo

Los sin suerte sólo vivimos el presente

Me presento como un simple amante loco

Me niego mil y más veces a aprender mi lección

Tomo valor para decirte

Que guardes tus lindas mentiras para alguien mas

Porque yo te desconozco

Prometiendo desde hoy

Apartarte de mis sueños

Pero no de mi vida.

**LOS RECUERDOS Y LA MUERTE**

Una mujer anclada en el pasado,

sin poder avanzar

Solía vivir de sus mejores recuerdos

Momentos, pero momentos pasados

Conoció a alguien despiadado

Y poco a poco al juntarse sus cuerpos

Separarse y extrañarse

Sentirse sin tocarse

Él busco la forma, quizá muy egoísta

De destruir los recuerdos de su amada

Jamás pudo darse cuenta

Que al quitarle sus recuerdos

Ella moriría irremediablemente.

## EN CAMBIO YO

Sé que estoy más solo que ayer,

pero menos que mañana

Tú estás cansada de esperar,

igual a ese hombre tan especial

Aunque te veas perfecta,

lamentarás el no ser la correcta

Te recuerdo que a ti te gusta ser manipulada

Amas el presente,

pero desesperas

queriendo que ya sea mañana

En cambio yo

Hoy me siento con tanta razón

Con toda la intención de herir

Manda tu señal a quien la tengas que mandar

Porque ya me quedé sin palabras mágicas

Que justifiquen la derrota de la intenso

Y aplaudan tu victoria pírrica.

## SÓLO UNA GUERRA MÁS

La tercera guerra mundial se acerca
Los protagonistas serán la razón y la pasión
Ambas superpotencias jugándose la vida,
disputándose el mundo
Una te conquisto a ti y la otra a mí
Siendo tú y yo vecinos en la periferia
Que difícil fue para ti aceptar todo lo que yo
siempre decía
Ahora resulta que fue lo mejor que dije,
tanto que ahora lo aplicas en tu vida
Para mí, lo difícil fue,
no dejar de enamorarte y enamorarme
Hoy ya no te veo igual, eres distinta,
eres pura razón,
suprimiste toda pasión
Me da alegría conocer una mejor versión de ti,
pero es justo lo que no quiero
Me gustaba tu pasión caótica y como me
envolvías,
ya dejamos eso atrás
Esta guerra la ganará quien tenga la mejor
estrategia
Quien sepa ceder sin ceder
y engañar sola una vez mas
No te pintes los labios frente a mí,

que por más que quiera besarte no lo haré
Porque volví a ser el de siempre,
el que vive y el que siente
Y esta no es la tercera guerra mundial,
sólo es una guerra más.

## TERCERA PARTE

### El boliviano es en esencia indio

Un debate moderno en Bolivia es el de las clases sociales transversalizadas por la identidad india. En mi país no es tan sencillo hablar de clases sociales sin entender el sistema pigmentrocrático colonial y republicano construido a lo largo de nuestra historia. El acta de la independencia de la República de Bolivia fue firmada el 6 de agosto de 1825, tras intensas batallas contra el ejército imperial español, cuyos actores fundamentales fueron los lideres aymaras, quechuas y guaraníes de las republiquetas. Sin embargo, tras años de combate para obtener finalmente la independencia no figura ni una sola forma india en el documento constitutivo de la vida republicana. Las estratificaciones convencionales basadas en clases sociales no pueden explicar el desarrollo histórico de Bolivia, que sólo se entiende a través de la pigmentocrácia. Este sistema piramidal de relaciones sociales se basa en la blanquitud de la piel, mientras más clara el color de la tez mayor preponderancia en todos los espacios de poder, en la economía, el comercio, la administración pública; mientras mas morena la tez mayor condena a la servidumbre engrosando la base de esta pirámide racializada. Múltiples procesos políticos se plantearon esta realidad como "la problemática india", los más contemporáneos son la revolución de 1952 donde se permite al indio campesino votar por primera vez. Y sin duda el llamado "Proceso de Cambio" que transformo los esquemas mentales convencionales de la sociedad boliviana encumbrando a un indio, Evo Morales, como presidente del país. Gente considerada en el sistema pigmentodrático como servidumbre empezaron a copar los espacios públicos y privados de poder, senadores y diputados indios; ministras, diputadas y senadoras de pollera deconstruyeron la percepción social teleológica de blanco como superior e indio como inferior. El boliviano se encontró con su propia raíz y con su propia sangre negada durante décadas.

En ese marco, para realizar un desarrollo serio de lo que significa: "Clases Sociales", necesariamente nos debemos remitir a la concepción de Lenin al respecto; señala que "clases" son los grandes grupos de hombres que se diferencian entre sí por el lugar que ocupan en un sistema de producción social, históricamente determinado por su relación con los medios de producción; por su papel en la organización social del trabajo y por los modos de obtener el volumen de aquella porción de riqueza social, de que ellos disponen. Esa noción básica de clases sociales se transversaliza también por la pigmentocracia. Lo que Fausto Reinaga identificaba, al estilo Frantz Fanon, como la dualidad entre la Bolivia India y la Bolivia Blanca. Entones una interpretación de la realidad boliviana a partir única y exclusivamente de la teoría marxista es insuficiente. Por ejemplo, Lenin piensa las clases como los grupos de hombres en los cuales uno puede apropiarse del trabajo del otro, merced a las diferencias de su posición en un determinado orden de la economía social. Sin embargo, en Bolivia esto se daba combinado con la estratificación pigmentofrática, es decir la combinación de clase social y color de piel.

Ahora bien, entendiendo a Lenin en su época y contrastando su construcción teórica con la realidad histórica boliviana, las clases en nuestro país estuvieron evidentemente delimitadas también por aspectos raciales. Esto debido a un factor preponderante, el no-reconocimiento de la indianidad del "ser boliviano".

En el sistema republicano colonial se construyó y desarrolló el aparente de "mestizo", variable que negaba el "ser indio" como la esencia misma del "ser boliviano". Así las clases sociales en la cima de la pirámide del orden económico y político imperante (la burguesía) negaban su esencia india; la clase media (no constituía ni burguesía ni proletariado) se rezagada a la mediocre definición de "mestizo" y lo que esto implicaba en el sistema, negando su esencia india, alejándose de la clase obrera e india para aspirar a ser burguesía.

Como base de la pirámide pigmentocrática, teníamos a la clase obrera, pero una clase obrera particular, fragmentada, ya que una parte negaba su esencia india y otra parte la reconocía y defendía. A partir del reconocimiento de la indianidad del boliviano, se desarrolla una nueva construcción de lo que implican las clases sociales, ya que el obrero no es sólo es aquel sujeto de overol o el trabajador campesino. El intelectual, el científico, el albañil, el abogado, el médico, el ingeniero, el pequeño empresario, el pequeño propietario, el comerciante también es clase obrera porque no viven de la explotación del trabajo del otro, viven de su propia actividad laboral algunos como proletarios otros como cognitariado.

Entendiendo este complicado y particular panorama de la indianidad boliviana se puede aseverar que el burgués pasa a ser el boliviano que todavía no reconoció su indianidad, que, siendo hacendado, siendo gran propietario, explota al otro al no reconocerlo como su igual, vive del trabajo de los otros, gana explotando a los otros aplicando no solo una diferenciación de clases sino también una diferenciación racial.

## Culto al cuerpo y a la imagen narcisismo real hedonismo virtual

El desarrollo de las redes sociales ha posicionado una nueva forma de entender el mundo y de mostrarse ante el mundo a partir de la imagen real o percibida, imaginaria o material. Mucha gente quizá no conoce el significado de las palabras narcisismo o hedonismo y puede que no les importe. Pero ¿Qué pasa cuando esas palabras y su significado configuran nuestras propias vivencias y los elementos más fundamentales de nuestra vida cotidiana?

El narcisismo; culto a la imagen, amor por la propia imagen, si bien es parte del comportamiento humano, ha llegado a cierto grado de "desarrollo", más bien, anti –desarrollo humano. En la posmodernidad el comportamiento narcisista se refleja con la necesidad imperante de obtener admiración o sobreestima en las diferentes plataformas digitales a los que todos estamos expuestos y que constituyen el reflejo de nuestro mundo analógico o el escape y apariencia de un mundo real deseado y transmutado en su sentido, denotación y connotación virtual.

Del narcisismo real y percibido, se pasó, a la par del desarrollo de todas las herramientas tecnológicas y plataformas digitales al "hedonismo virtual". Se debe recalcar que el hedonismo no es más que la búsqueda del placer. La disyuntiva se genera entonces en: ¿Qué hacer para obtener placer? y ¿Por qué este hedonismo es virtual?. Dentro del mundo de las redes sociales el placer se manifiesta exaltando y ostentando la cultura de la imagen y el cuerpo. Este hedonismo es virtual porque se desarrolla dentro del "mundo" de las redes sociales, es decir, que para reproducir todo este amplio sistema de ilusión y ultra narcisismo son imperativas las redes sociales.

Facebook brinda una demostración sencilla, ya que a través de esta red social promueve la cuantificación de "likes" y "comentarios" estimulando de esta forma el placer narcisista en una persona. Pareciera que EL PLACER solo fuera generado y únicamente derivado del estímulo al sentimiento ultra narcisista reproducido por las herramientas imaginarias (imágenes) que conglomera la red social en el 90% de su contenido.

La paradoja entre el mundo analógico material – físico y el mundo virtual – inmaterial – aparente radica en la estratificación de perfiles en función de likes, comentarios, reacciones y número de veces compartido de cualquier tipo de contenido. El mensaje nuclear de la red social en cuestión radica en el culto al cuerpo y la cultura de la imagen que deben ser constantemente alimentadas por las fotos narcisistas (y en muchos casos ilusorias) que requieren o funcionan solamente (al menos aparentemente) con "likes" y "comentarios". Pues no le basta al individuo habitante de la red social denotar su constante narcisismo, sino que requiere inevitablemente del placer que solamente le puede dar su cuantificación de "likes" y/o "comentarios" rankeando de esta forma su "popularidad".

Ahora bien, no solamente facebook genera este modus vivendi de búsqueda constante por la aprobación de popularidad. Twitter se constituye como un espacio de un aparente "status" virtual donde encuentras la expresión, en 280 caracteres, de famosos, políticos, figuras públicas, artistas, instituciones, presidentes, autoridades, intelectuales, periodistas, medios de comunicación, entre otros. Todo bajo una fachada informativa, personal, directa. Sin embargo, aun en ese ambiente "intelectual – informativo" el culto a la popularidad y a la cuantificación con relación a otras cuentas mantiene la misma lógica centrada en el contenido escrito mas que en el contenido visual.

Instagram nos brinda un gran ejemplo del culto al cuerpo y a la imagen como narcisismo real y hedonismo virtual. Todas las deidades de las redes sociales contenidas en tu pantalla a un "corazón" de tu aprobación y selección de "belleza" como un catálogo de lencería. Por otro lado la pujante tik tok nos refleja la simpleza del posmodernismo buscando siempre reírse de uno mismo para ser la burla de los otros y de esta forma alimentar la popularidad.

En síntesis, facebook es como ir a un gran mercado, encuentras absolutamente todo, para todos los gustos y de todos los precios.

Instagram es como ir a un gran boliche o discoteca virtual, encuentras a todo mundo producido, mostrando su mejor versión visual, una gran vitrina de cuerpos y caras envidiables. Twitter es como asistir a un café de esos que frecuentan los "intelectuales" encuentras información seleccionada y de primera fuente, mendigas que te sigan a costa de seguir tú determinado perfil; dentro inmediatamente te blindas de un aura intelectualoide. Tik Tok por otro lado es como ir a un gran circo con contenido entretenido para todos los gustos posibles. La tristeza del mundo y la soledad llevan a alimentar tu alegría con pequeñas dosis de risas que se esfuman apenas pasas a la siguiente historia.

## Juventud, jóvenes y juvenología

La participación de las y los jóvenes en la política en espacios de decisión directa se ha constituido en un elemento discursivo de las diferentes fuerzas políticas más que una realidad material y tangible. En las elecciones generales del 2019 en Bolivia ya se sabía el dato oficial, comunicado por parte del Órgano Electoral Plurinacional y del Instituto Nacional de Estadística, que del 100% del padrón electoral el 40% correspondía a jóvenes. Sin embargo, ninguna fuerza política en ese año presentó ni 5% de jóvenes en sus listas de candidatos a la Asamblea Legislativa Plurinacional. El país transita por el denominado Bono Demográfico, es decir mayor cantidad de población joven que niños, adultos y adultos mayores. Para las elecciones de 2020 nuevamente ninguna fuerza política incluyo ni 5% de jóvenes en sus listas de candidatos. La alusión al rol de la juventud por parte de todos los políticos se utiliza políticamente. Pero a la hora del apoyo en sus campañas resalta la figura de las y los jóvenes como animadores y fieles militantes de las diferentes fuerzas políticas. Muchos dirigentes se autocalifican de jóvenes con 30 o 35 años de edad, una verdadera vergüenza. La política siempre es lógica, y cuando responde a nociones lógicas se legitima. Pero la política en Bolivia es totalmente irracional e ilógica. Si se tiene 40% de votantes jóvenes ¿No sería lo lógico que cada una de las fuerzas políticas que buscan conseguir ese voto también tengan en sus listas un 40% de candidatos jóvenes? La respuesta es obvia.

La Ley de la Juventud, Ley N° 342, en su artículo 7 determina que en Bolivia se es joven de los 16 a los 28 años. Entendiendo este precepto normativo existen tres grandes grupos que realizan diferentes tipos de usufructo en torno al "discurso joven" se clasifican de la siguiente manera:

El primer grupo es el que en efecto y conforme la ley N° 342 son jóvenes (es decir tienen entre 16 a 28 años) muchos participan activamente en la política nacional, suelen ser instrumentalizados, engañados o minimizados. Su esencia "joven" sirve de discurso político para otros. Se enfrentan en cada ámbito al clásico adultocentrismo sintetizado en la frase "muy joven eres, no tienes experiencia". A la vez, estos mismos jóvenes viven fragmentados y atomizados por los propios juegos políticos del poder. Nunca hicieron ni hacen política real para dejar sus diferencias de lado y plantear en el seno de sus partidos que su representación sea proporcional con el 40% joven del padrón electoral. Vivirán atomizados y peleados hasta dejar de ser jóvenes, es decir, sobrepasar los 28 años, cuando ya no representen a este segmento mayoritario de la población.

El segundo grupo es el que sabe que ya no son jóvenes, pero si saben cómo explotar esa condición discursivamente. Generalmente ya sobrepasaron el umbral de los 28 años, pero reditúan de una supuesta condición "joven" que no es más que una ficción para conseguir espacios políticos so pretexto de su supuesta "juventud". Son muy hábiles lucrando de la política, figureteando y aprovechando cada pequeña oportunidad de fama y redito político que se les presenta. Generalmente rondan los treinta y cinco años incluso los cuarenta años. Y en serio creen fervientemente que siguen siendo jóvenes. Suelen estar afiliados y ser las cabezas de grupos como: "Juventudes de tal" "Juventudes de cual" fuerza política o cívica. Tienden a descabezar a todo joven verdadero que intente opacar su "liderazgo" de ficción. Hacen un negocio de la política y sus réditos generalmente son económicos, un departamento nuevo, auto, marido millonario, puesto político, seguridad financiera futura, etc. Su historia de vida suele estar marcada por haber empezado en su organización social, cívica o política siendo jóvenes, pero pasados sus 28 años aún se aferran al rédito político que les da "ser joven" al menos discursivamente. Otros en cambio viene del mundo de la farándula, con formación política e ideológica nula y no son más que meros oportunistas o pantalla de grandes grupos mafiosos de la política.

El tercer grupo es aún más descarado, son los juvenólogos, poco les importa tener treinta o cuarenta años son los "grandes ideólogos" de la participación de la juventud. Detentan el complejo de Peter Pan, se llenan la boca hablando de los jóvenes, pero no entienden sus lógicas, ni formas; es más, casi siempre critican la "falta de experiencia". Su discurso de participación de la juventud es un mera pose o moda, como el discurso animalista o ambientalista (sirve para obtener apoyo y para nada mas, no se siente ni cree, sólo se usa). Casi nunca ningún joven se siente representado por este grupo, pero a ellos les encanta hacer política por y a nombre de los jóvenes. También reciben los créditos políticos de su supuesta pericia generacional.

También existe otro grupo, mucho más peculiar a los anteriores, que son los jóvenes (entre 16 a 28 años) con mentalidad vieja y sentido conservador, replican el discurso político y actitudes de sus papás o incluso de sus abuelos, sostienen que todo tiempo pasado siempre fue mejor y suelen tener "valores" ultra conservadores, recurren al insulto y a la violencia para hacer valer sus supuestos argumentos. En las elecciones del 2019 UCS fue la fuerza política que más jóvenes inscribió como candidatos a la Asamblea Legislativa Plurinacional, muchos de sus jóvenes (menores de 28 años) enarbolaban los valores religiosos más radicales, la homofobia y el clasismo.

¿Le tocará a Bolivia una era política coincidente con el bono democrático y con ese 40% joven del padrón electoral?

De momento, esta opción no ha cruzado por la cabeza de ninguna fuerza política. Ni para las elecciones del 2019 ni para las elecciones del 2020, peor aún para las elecciones subnacionales.

¿Cada partido político debiera tener mínimamente un 40% de candidatos jóvenes reales (menores de 28 años)?

Si se aplicara la lógica en la política por supuesto que sí. Pero en Bolivia la política es todo menos lógica.

¿O la política seguirá siendo concebida desde la dictadura del adultocentrismo?

Encumbrar un nuevo sentido común que enfatice esta problemática esta aun en construcción, es tarea de la sociedad civil y de la sociedad política cambiar esta realidad tan adversa para este grupo etario mayoritario de la población boliviana.

## Últimos apuntes, a manera de cierre

A través de todo lo escrito en este libro me permito regalarles una parte de mí. Espero que este trabajo de amor, desamor, pasión y reflexión constituya en sus vidas una herramienta recurrente de introspección. Cada verso representa una historia particular de mi vida, historias con las que más de uno seguramente también se sintió identificado. Todos llevamos la poesía por dentro, pero no todos podemos externalizarla, este libro trata de animarlos a escribir, a plasmar sus vivencias, a reinventarse y dejar huella en este mundo brindando lo poco o mucho que podemos saber y sentir al resto de la gente que nos puede leer.

Este libro compilatorio de poemas se hizo en varios años porque la poesía para sentirla hay que vivirla y como habrán leído cuenta pedazos de diversos momentos ocurridos con diferentes personas en diferentes lugares y en diferentes etapas de mi vida. Jueguen con su imaginación para develar los momentos exactos, los lugares precisos, la edad calculada y las personas, ahora personajes de cada verso.

Cumplo un sueño y aliento a que ustedes puedan cumplir los suyos. La vida no siempre es un dilema, muchas veces, casi todas, es un multilema. Nuestro mundo de emociones, sentimientos, pasiones, amores, desamores y reflexiones no es parte de un universo, sino de un multiverso. Y con esa complejidad propia de la vida debemos buscar soluciones dinámicas, creativas, complejas y diversas a los problemas que nos atañen todos días. Las soluciones como los problemas mientras más complejas mejor.

Agradezco a Sayuri Loza, gran amiga, por el prólogo de este libro y las palabras sobre mi que las atesoro en lo más profundo de mi corazón. Agradezco a mi familia por soportarme y amarme. A las musas, personajes de cada verso les regalo este libro para inmortalizar aquellos momentos, todos, los de amor y los de desamor. Dedico este libro a mi hijo Nicolás Villalba motor de superación en mi vida, Vive intensamente hijo mío y gasta tu vida por todo lo que realmente te apasione. Agradezco a cada uno de ustedes por ahora ser también parte de mis versos y reflexiones.

Espero que la tercera parte del libro fomente el pensamiento crítico y autocritico en torno a las problemáticas posmodernas planteadas, recordando que no siempre existe una sola solución o un solo camino inequívoco. La política es aburrida por ser mera lógica. Pero a la vez se constituye en una herramienta poderosa para la transformación social. Vivan y sientan la política con todas sus quimeras, que nadie les cuente historias de triunfo o fracaso, dense el lujo de ser los personajes principales de las futuras historias que se cuenten en esta gran batalla por un mundo mejor.

Y si se comprometen con la gente y deciden hacer política sean profesionales y políticos en lugar de políticos profesionales. Es decir, dótense de un oficio o una profesión que les permita llevar el pan a su boca y a la par hagan política para la transformación social, sin esperar nada a cambio más que la satisfacción de servicio a la gente más necesitada. Y no sean personas sin oficio ni profesión que ven en la política una forma de vida fácil sobre la base de la manipulación y la mentira. Sean siempre luz que ilumina y no oscuridad que asusta.

Atte: Gabriel Villalba Pérez

## TABLA DE CONTENIDO

Printed by Books on Demand GmbH, Norderstedt / Germany